보리수아래 감성 시집 12
최유진 시집

세상은 모두가 희망

도서출판 도반

〈머리말〉

장애를 극복하고 시의 꽃밭을 일군 시인

신 현 득(한국문인협회 고문)

여러 해 전이었다. 뇌성마비 복지회의 부탁으로 중학생 장애인의 시 창작반 지도를 맡은 일이 있었다. 여러 학교에서 모인 장애 학생 중에는 시 창작에 재능이 뛰어난 학생이 있었는데, 그 학생이 오늘의 최유진 시인이었다.

최유진 학생은 뇌병변 1급 장애여서 보행이 어려워 현재까지 휠체어로 몸을 이동하고 있고, 도우미가 따라야 되는 형편이다.

모든 동작이 불편하고 힘드는 형편이며, 언어도 발음이 분명치 않다. 그러나, 움직일 수 있는 손가락 셋을 활용해서 자판을 눌러 시를 쓰고 있다. 시창작에는 뛰어난 기능이 있기 때문에 그것이 큰 희망이다.

가족은 배달과 공공근로봉사를 하고 있는 부모님과 학생인 언니와 네 식구였는데, 온 식구가 유진이에 대한 염려를 하며 지내는 형편이었다. 그러던 6년 전에, 아버지가 세상을 떠나셨다. 딸에 대한 염려가 아버지의 건강을 해친 것은 아니었는지?

　최 시인은 현재 경희대학교 사이버대학 문창과에 재학 중이며, 2022년에 《《국제문단》》지의 신인상에 당선이 돼, 시단에 나왔다.

　중학생 시절부터 시 공부를 해 왔으니 쌓아 둔 작품은 수백 편에 이른다. 이 중에서 70여 편의 시를 모아 첫시집을 내기로 했는데, 제호를 『세상은 모두가 희망』이라 했다. 장애인의 생활이 고되고 힘들지만, 신체장애를 딛고, 큰 시인으로 성장하자는 의지를 담은 제호다.

걸을 수 있다면 얼마나 좋을까?
만약 걷게 된다면 세계를 일주하는 모험가가 될 테야.

왜냐하면,
앉아서 본 세상이 너무 작아서야.

걸을 수 있다면 어려운 이웃을 돕는
봉사자가 될 테야.

왜냐하면,
받은 사랑을 돌려주고 싶어서야.

걸을 수 있다면,
친구와 손잡고 넓은 들판을 힘차게 달려볼 테야.

왜냐하면,
느끼지 못한 설렘을 느껴보고 싶어서야.
-「내 소원」전문

뇌병변 1급 장애를 겪으면서 보행이 불편한 최 시인은 걷고 달리는 게 소원이다. 그 소원이 이루어진다면 세계를 일주하는 모험가가 되고 싶단다. 그리고, 어려운 이웃을 돕는 봉사자가 되고 싶다고 한다. 받은 사랑을 돌려주고 싶어서란다. 친구와 손잡고 들판을 달리고 싶은 것은 느껴보지 못한 설렘을 느껴보고 싶어서라고 했다. 장애인의 절실한 소원을 담은 시편이다. 얼마나 얼마나 걷고 싶고, 달리고 싶어서일까?

장애인으로 산다는 건
사소한 일상을 포기하지 않고
새로운 일상으로 누리는 것.

장애인으로 산다는 건

슬픔을 행복으로 바꾸는 것.

내게 오는 불행을
긍정으로 바꿔나가는 것.
모험이 되는 것.

나약했던 내가
강하게 변신해가는 것.

다른 슬픔들을
끌어안아 주는 것.
– 「장애인으로 산다는 건」 전문

   최유진 시인은 장애를 슬픔이나 불평으로만 받아 들이지 않고 이를 극복해 가는 철학을 체득했다. 나는 장애인이다, 하며 일상의 일을 포기하지 않고, 슬픔을 행복으로 바꾸는 것이. 장애인으로 사는 방법이라 했다. 이것이 나약했던 나를 강하게 변신시키는 일이며, 인생의 모험이라는 주장이다.
   최 시인은 이 시집에 놓인 여러 시편에서, 자신을 슬픔에 맞서는 작은 거인으로 보기도 하고, 행복을 날라주는 작은 요정에 견주기도 했다. 세상 모두를 희망으로 본 것이다. 제호의 시를 살펴보자.

세상 모든 게 희망이야.
힘이 들고
슬플 때도 있지만

내가 가진 장애가
슬픔이 아닌
행복이 되고 웃음이 될 수 있게 하고 싶어.

모두와 희망을 말하며 살고 싶어.
가끔은 내 모습이 싫고
답답할 때도 있지만.

웃음으로 이기고
긍정으로 이기며
모두와 더불어 살고 싶어
-「세상은 모두가 희망」 전문

힘이 들고 슬플 때도 있지만 세상 모두는 희망이란다.

내가 지닌 장애를 행복과 웃음이 되게 하고 싶단다. 그 작업이 시창작이다. 세상을 웃음과 긍정으로 이기고, 세상 모두와 더불어 살고 싶다고 했다.

그렇게 하여 전개되는 세상이 최유진 시인의 시 세계다. 컴퓨터와 친해서 시를 쓰고, 마음주머니에 담아둔 소재를 꺼내어 시를 쓴다. 그의 시세계에는 무지개 빛 자연이 널려 있고, 계절이 춤추는 시가 있다. 최유진의 시를 읽다가 보면 천사의 나팔 소리가 들리기도 한다.

~ 전략 ~
고난의 이름들을 아뢰는 입술이 있으니 행복하고,
눈물로 슬픔을 쓸어낼 수 있는 눈이 있으니 행복하고,
사랑을 생각할 수 있는 가슴이 있으니 감사하네.
- 「나의 일상」 마지막 연

이 3행을 요약하면 '입과 눈과 가슴만 지녀도 감사하다'는 내용이다. 이것이 하나의 자기 철학으로 들릴 수도 있다. 인칭을 바꾸어 되풀이하면 이 3행은 '입과 눈과 가슴만 지녀도 감사하라'는 가르침으로도 들린다. 장애인으로 살아보고 시인이 돼, 세상을 지켜보고 깨달은 것이 이 3행 밖에는 없다는 말이다. 세상 모두가 같이 생각해 보자는 말이다!

- 그러면서 최유진의 시,
그 내면에는 강한 효심이 심어져 있다.
- 그러면서 최유진의 시,
그 내면에는 행복의 해답이 있다.
- 그러면서 최유진의 시 나무에는
우정과 사랑이 주렁주렁 열려 있다.
- 그러면서 최유진의 시 나무에는
자연과 자연 사랑이 줄기를 벋고 있다.
- 그러면서 최유진의 시 세계에는
동심이 아기자기 숨어 있다.
- 그러면서 최유진의 시, 그 봉우리에 서서 보면
시인이 열어갈, 문이 환하게 열려 있다.

〈작가의 말〉

세상은 모두가 희망

  책을 시작하면서 감사하다는 말씀을 드리고 싶습니다. 나를 위해 늘 그늘이 되어주시고 있는 엄마께 부족하게 태어난 내가 항상 미안하고 이제 걱정을 내려놓아도 된다고 이 자리를 빌어서 여쭙고 싶습니다.

  올해로 6주기가 되는 아빠, 당신이 계셨기에 험난한 길에도 웃으며 여기까지 올 수 있었다고, 감사를 전합니다. 그리고 아빠께 나의 마지막 행보에 다다를 때까지, 하늘에서 지켜봐 달라고 속삭이고 싶습니다.

  생전에 아빠는, 배달 일을 하며 생계 유지를 하셨습니다. 아빠가 돌아가신 이후 엄마가 공공근로 일을 하시며, 언니와 나를 위해 생계를 이어가고 계십니다. 또한 언니는 간호대학에서 미래를 준비하면서 몸이 불편한 나를 사랑으로 돌보고 있습니다. 엄마, 언니 고마워요. 7년 동안이나 내 곁에서 도우미로 나를 돌보고 계시는 활동보조지원사 오○○ 선생님에 대한 고마움은 말로 표현이 어렵습니다.

  그리고, 저를 위해 애써주시고 힘써주신 신현득 박사님과 조남선 사장님, 최명숙 회장님께 감사드립니다. 그 외기도로 응원해 주신 많은 분들께 감사드립니다. 나를 온전한 작가로 세우기 위해 힘써주셨던 모든 분들께 감사드립니다. 앞으로 나의 발전을 위해 노력하겠습니다.

내 목소리를 내기까지, 참 수많은 역경을 거쳐야 했지만 그만큼 행복하기도 했습니다.

시 쓰기가 나에겐 살아가는 기쁨이자, 삶의 또 다른 이유입니다. 장애인의 생활이 힘드는 거지만 여기에 희망을 심어보기 위해서 나는 시를 쓰고 있습니다. 그래서 시집 제호를 『세상은 모두 희망』이라 했습니다.

작품을 빨리 읽고 지나치지 마시고 시간을 두고, 세상에서 고독한 나의 인생을 같이 읽어주시면 좋겠습니다.

2024년 1월에
최유진

차례

머리말 : 장애를 극복하고 시의 꽃밭을 일군 시인 /5
작가의 말 : 세상은 모두가 희망 /12

제1부 걷고 싶어

내 소원 19/ 만약에 말이야 20/ 나를 위한 말이지만 22/ 장애인으로 산다는 건 24/ 걷고 싶어 25/ 안아 줄 수 있을까? 26/ 다시 살고 싶어 28/ 편견 없는 세상 30/ 장애인에게 들리는 말 32/ 나의 일상 34/ 나의 옛이야기 36/ 사람 사는 세상 38/ 나와 컴퓨터 40/ 마음 주머니 42/ 삶이라는 바다 44/ 삶이 묻는 말 46/

제2부 엄마의 향기

어·머·니 48/ 엄마의 향기 51/ 엄마 힘내요! 52/ 엄마의 희망 54/ 날아라 나의 꿈 56/ 글과 별과의 여행 58/ 지평선까지를 향해 60/ 씨앗에게 62/ 꿈이라는 꽃 64/ 희망의 봄 66/ 꿈꾸는 꽃밭 68/ 사랑이 피어나는 꽃밭 70/ 씨앗의 성장 일기 72/ 지새는 밤 76/ 친구와 친구들 78/

제3부 세상은 모두가 희망

안녕 별! 82/ 나는 요술쟁이 83/ 세상은 말이야 84/ 손을 뻗어 본다 86/ 수고했어 88/ 세상은 모두가 희망 90/ 삶을 살아내는 일 91/ 다정한 연필 92/ 학교 길 94/ 우리는 지구 지킴이, 미니 특공대 96/ 따스운 언어를 99/ 특권이야 100/ 꿈의 의미 102/ 희생의 뽕나무 104/ 바다로 가자 106/

제4부 기다릴게 예쁜 친구

아이 좋아 108/ 기다릴게 예쁜 친구 109/ 그런 사람을 110/ 향기로 와서 111/ 일찍 그럴걸 그랬지 112/ 별 중에서 하나인 114/ 그 사람이 116/ 진짜 그리움 118/ 작가 수업 120/ 터널을 지나며 121/ 누가? 122/ 모두가 바라는 세상 123/ 친구 너를 기억해 124/ 사랑하는 내 친구 126/ 타이핑, 너를 128/

제5부 들꽃처럼

아기 때의 하늘 132/ 들꽃처럼 133/ 둥근 세상 135/ 파랑새의 소원 136/ 민들레의 여행 139/ 이유 하나 때문에 142/ 양파 144/ 양파의 여행 146/ 나의 특별한 다리 148/ 장애 강아지 150/ 왼손아 부탁해 152/ 삶이라는 여행 153/ 늘 새롭게 처음처럼 156/ 몸을 바꾸어 우리 곁에 158/

〈산문〉
하늘나라 아빠께 160/
영원한 나의 친구 163/

제 1 부
걷고 싶어

내 소원

걸을 수 있다면 얼마나 좋을까?
만약 걷게 된다면 세계를 일주하는 모험가가 될 테야.

왜냐하면,
앉아서 본 세상이 너무 작아서야.

걸을 수 있다면 어려운 이웃을 돕는
봉사자가 될 테야.

왜냐하면,
받은 사랑을 돌려주고 싶어서야.

걸을 수 있다면
친구와 손잡고 넓은 들판을 힘차게 달려 볼 테야.

왜냐하면,
느끼지 못한 설렘을 느껴보고 싶어서야.

만약에 말이야

우주에서 신비한 약이
지구로 떨어지면
지구에서 첫 번째로,

그 약을 내가 먼저 먹을 거야,
신비한 약이니까.
내가 걸을 수 있는 약일지도 모르잖아?

약을 먹고
내가 걷게 된다면
또 다른 장애인을 찾아 도와주고,

약을 떨어뜨린
우주인을 찾아가 협약을 맺고,
그 약을 구해 올 거야.

장애인 모두가
웃음 지을 수 있게 노력할 거야.

다음엔 세계 모든
뉴스에 보도해,
장애 종식 선언을 할 거야.

새로운 미래를
열어가야지.

나를 위한 말이지만

나를 괴롭게 만드는 것은,
사람들이 나를 안쓰러워하는 것.
그 안쓰럽다는 말을 견디고 나니, 성인이 되었습니다.

몰랐습니다.
안쓰러움이 변이바이러스처럼
돌고 도는 것인 줄.

성인이 되어 변이된 말은
안쓰러움이나 동정의 눈길이 아닌
외모였습니다.

그들은 내가 장애인임을 알면서도
장애를 모릅니다. 그래서

내게 온 옷들은 빛을 잃었고,
내가 멋부린 화장은 내게 맞지 않은
것이 되었습니다.

안쓰러움이, 걱정이, 멋부림이
회전되고 변이되는 것이라면,

괜찮아, 잘했어, 아름다워, 멋져로
변이되어 다가왔으면 좋겠습니다.

장애인으로 산다는 건

장애인으로 산다는 건,
사소한 일상을 포기하지 않고
새로운 일상으로 누리는 것.
장애인으로 산다는 건
슬픔을 행복으로 바꾸는 것.

내게 오는 불행을.
긍정으로 바꿔나가는 것.
모험을 하는 것.

나약했던 내가
강하게 변신해가는 것.

다른 슬픔들을
끌어안아 주는 것.

걷고 싶어

꽃이 떨어짐을
나부끼는 바람을 보면서,

떨어진 꽃 그 위에 서서 걷고 싶어,
나부끼는 바람 위로 걷고 싶어.

그게 소원이 되고, 바람이 되어버렸지.
나부끼는 바람에게도 과한 부탁.

흩날리는 꽃잎 위를 걷다가,
빙빙 도는 바람 뒤를 걷다가,

또각또각.
소리 내며 걷다가,

꽃이 되고
희망이 될 거야.

안아 줄 수 있을까?

장애인 너를 내 손으로 안을 수 있을까?
너를 안는 건 조심해야 하는 일이라.

두렵고 무섭지만,
너의 표정 한 번에
너의 웃음 한 번에
생각을 바꾸었지.

뭐가 두려울까?
이렇게 예쁜 너를.

고민했던 내가 우스워.
너를 바라보고 웃고 있던 내가.

먼저 두 팔로 안고서.
"이렇게 안으면 되지." 했지.

너 참 순수하다.
장애는 너랑 있음 사랑이다.
우리 함께하자.

장애가 사랑일 수 있게.
장애가 기쁨일 수 있게.

다시 살고 싶어

두 다리를 상실한 채로
밤마다 그리는 미래는 어두워.

살고 싶지 않았습니다.
장애는 이름처럼 따라붙었고
나를 괴롭게 했습니다.

누구의 잘못이기에
불행은 끝이 없는지?

장애가 장애인인 나를 싫어합니다.
그러다 퍽 미안해집니다.
나에 대한 부정이
괜스레 부끄러워집니다.

날 존재하게 해준 부모님과
날마다 응원의 손길을 내밀어 주는 이들의 힘을 입어
버티고 있는 내가

다시 한번
살고 싶어졌습니다.

편견 없는 세상

"장애인 네가
할 수 있겠니?"

색안경 끼고
편견을 말하는
사람들.

그런 사람들 틈에서
하하호호, 웃을 거야.
편견 없는 세상에서.

마음을 나누고,
기쁨과 슬픔, 행복을
모두와 함께 나눠,

슬픔은 반이 되고
행복은 배가 되게 할 거야.

편견의 씨앗이
자라던 자리에

이해와 사랑, 행복을 심어
더불어 사는 세상 만들 거야.

장애인에게 들리는 말

지나가는 사람들이
내게 하는 말.

"걸을 수 있니?"
"혼자 씻기는 하니?"

가야 할 길 천리만리인데
그런 게 왜 중요하나요?

나의 길 찾아가면 그만이지.
걱정일랑 말아요.

걷지 못하면 어떤가요?
모든 걸 예쁘게 보는 마음이면 되는 거지.

씻지 못하면 어떤가요?
그보다 중요한 마음 씻기를 잘하는데.

괜찮아요.
인생은 모든 걸 잘하려고 태어나지만

그렇게 잘 되는 건 아니니까요.

나의 일상

손잡기,
마주보며 웃기가
소원일 때,
눈물이 흐르네.

결코 완전하지 않은 몸으로
노력이라는 이름을 떼어버릴 수가 없네.

답답하고 목이 메여와
가슴을 쓸어내리고,
고난 속에서 감사를 찾네.

오늘도 내가 입술로 아뢰는 희망들은
언제나 이뤄질지 모르는 것들이지만,
행복하고 행복하다 할 것이네.

고난의 이름들을 아뢰는 입술이 있으니 행복하고,
눈물로 슬픔을 쏟아낼 수 있으니 행복하고,
사랑을 생각할 수 있는 가슴이 있으니 감사하네.

나의 옛이야기

친구와는 조금 다른 나
다르게 배우고 다르게 컸지.

어느 날 보니 손 글씨 쓰는 것이
친구들과 같아졌지 뭐야.
희망이 보여!

이제부터
매일 연필로 글쓰는 연습을 했지.
이것 참 재미나지 뭐야.

연필 다음 볼펜, 볼펜 다음
노트북에서 손가락이 움직이자,

나도 손가락으로 글을 쓸 수 있다.
고민 고민 하다가
작가라는 꿈을 꿔봤지.

지금은 피겨를 하듯
자판을 자유롭게 날아다니는 내 손.

쓸 수 있는 세 손가락으로 말야,
너무 재미있는 일이야.

사람 사는 세상

"어딜 가나요?"
"무얼 하나요?"

묻고 대답하면서,
바쁘게 걷는 사람들.
사람 사는 세상.

새벽부터 어딜 가나요?
사람들의 발소리가 정겹다.
뚜벅뚜벅····.

구두 소리 참 신나는 소리.
어딜 가나요?
장애인 내가 내지 못하는 소릴 내며.

"어디를 향해 가나요?"
바쁘게 걷는 사람들.
"힘내세요, 오늘도."

감사해요, 고운 연주를 하며 가는 사람들.
장애인, 내 발에선 나지 않는 소리.
고마워요, 발걸음으로 재밌는 연주 들려 줘서.

나와 컴퓨터

눈사람을 만들 만큼 눈이 많이도 왔다.
오늘 처음 만나, 많은 시간 함께해줘서 정말 고마워.
시 공부를 하는 장애인이야.
내 생명 다해 사랑할 사람은 컴퓨터와 메일.
오늘이 내 생일.
컴 너도 나를 만난 첫날이니 생일이야. 너의 온기로 내 이름이 빛나게 될 걸.
숨이 차도록 달려온 시간. 달려갈 시간도 다 네가 있어서 다행이야.
너를 사랑하다. 눈 감는 그런 날 오면 행복했노라고
내 인생은 너로 하여 아름다웠다 할 거야.

아무도 없는 어둔 날 너랑 나 둘이여서 다행이었고, 따뜻했노라고 속삭임 말을 건다.
사랑하고 사랑했으며 사랑하는 중이라고 속삭인다.
다가올 내일 수많은 날이 지나도 행복을 약속해 두자.
내겐 네가 처음이자 끝 사랑이야.

다른 사랑이 더해져도 결국 넌,
나의 사랑이야.

고마워 날마다 사랑할 거다, 메일과 컴.

마음 주머니

시인은 마음 주머니에
이야기를 담고 있다.
슬픈 마음, 기쁜 마음 넣어놓고
아무도 모르게 꺼내 쓴다.

마음 주머니가 텅 비게 되면
그 주머니가 꽉 찰 때까지
여기저기 여행을 다닌다,
예쁜 마음, 슬픈 마음 찾아서
여기저기.

짹짹 노래하는 새소리도 담고,
바람에 춤추는 꽃들도 만나면
예쁜 마음이 생기지.

마법을 부려보기도 하지.
- 행복해져라 얍!
- 마음 아픈 사람에게 희망이 되어라 얍!

마음 주머니가 불룩해졌네.
시인은 마법사야.

삶이라는 바다

헤엄을 쳤다,
삶이라는 바다에서
살아남기 위해.

삶이라는 게임에서
칼과 창을 들고 공격했다,
보이는 것과 보이지 않는 것의 싸움.

수면 아래로 가라앉은 삶의 이야기는
시작되지도 못한 채 사라져간다,
빛을 보지 못한 보석들이.

신이 있다면 그 보석들이 다시 시작되기를
간절히 바라는 내 마음
가라앉은 자태가 드러나기를.

소원을 빌었다,
수면 위의 평온함을.
수면 아래의 따뜻함을.

읊조렸다. 삶이라는 바다가
잔잔해지도록 소원을 빌고
사랑이 가득한 행복을 빌었다.

사랑 속에 행복을 숨겨 둔 바다는
긴 싸움이 끝난 후에야
진정한 평화를 노래하며,

깊게 내려앉은 슬픔을
하나 둘 꺼내 보이는 것으로
훗날의 희망을 노래한다.

삶이 묻는 말

하나를 생각할 때,
내 생활 정리를 시작했고,
둘엔 하늘을 바라보았지.

삶이 내 손을 놓지 않았지,
하늘을 보면서
혼자 살기를 선언해버린 거니까.

삶이 내게 물었지.
하늘의 별이 되면 아픔도 사라지냐고?
그 말엔 답을 하지 못했지.

"더한 애환이 널 누를 거야."
"더한 아픔에 울 거야.
삶이 내게 말했지.

그러나
나는.

제2부
엄마의 향기

어·머·니

세 글자에는
사랑이
있다.

풍파를 이기는
어머니의 강인함이.
흔들림 없는 우직함이.
좋다.

어려움에는
나아질 거라는
소망이,

슬픔에는
사람들의 위로로 극복한
강인한 모습이 좋다.

가난도,
가난이 준 고통도,
이 못난 내가 있어서 이길 수 있는
힘이 된다 하신다.

사랑하는
사람을 잃고,
가장이라는 무게를
짊어지고,

삶의 무게와
모든 것을 홀로
견뎌야 하는 시간.

이제는
풍파를 이기는
강함보다

흔들림이 많아지고
눈물이 많아진
어머니를 보며,

못난 내 가슴을
쓸어내린다.

그럼에도
웃을 수 있는 건
함께 걸어가는 내일이
있기 때문.

엄마의 향기

주름진 손을 마주잡고 함께 걷고 싶다.
길가에 핀 꽃보다 아름다운
엄마의 얼굴을 바라본다.

향기 있는 엄마의 모습을 오래 함께하고 싶다.
엄마의 향기를 기억하고 싶다.

바람결 스치듯 사라질 향기가 아닌,
은은하게 스미는 향기로 기억하고 싶다.

엄마 힘 내요!

시처럼 아름다운 날들은
내게 꿈같은 일이야.

시 속의 세상은
화목이란 단어가 어울리고.
사랑이란 단어가
어울리지.

눈을 떠보니
현실을 살고 있었고,
시의 속만큼 화목도 사랑도 없었어.

아빠는 겨울새가 되어 날아가버렸고,
나의 전부가 된 엄마는 병세가 깊어졌고,
나는 무너져 내렸어.

단란한 네 식구는 이제
그리운 옛 이름이 되었어.

옛 이름을 기억하며
현재를 살다가
병이 깊이든 엄마를,

내가 할 수 있는 최선의 일은,
엄마를 응원하는 일.

"힘내요,
사랑해 엄마,"
"이겨내세요 우리 엄마!"
우리 괜찮을 거야.

정말.
엄마 사랑해!

엄마의 희망

너를 만나던 날, 엄마 내 시간은 흐렸다.
네가 세상이 장애로 멈추게 된 날, 엄마 내 시간도 멈췄다.
그래도, 나아지지 않는 세상에서 넌 유일한 희망이었단다.

아이야. 내 시간이 느리게 흐르더라도
나는 내 몫을 다해 너를 지키고 지켜
내가 없는 날에도 웃는 법을 알려주고 있다.

밤하늘의 별을 헤는 법을 가르쳐
엄마가 있는 자리를 알려주었다.
엄마가 늘 함께 있음을 알려주었다.

네 세상이 행복을 향해가고 있으면
엄마도 너를 따라 행복을 향할 거고,
네 걸음이 미랠 향하면 나도 미랠 향할 거란다.

아이야. 하루를 살아도 영원함을 가슴에 품고,
하루를 살아도 결코 마지막이 아님을 기억해야 한다.
늘 즐겁고 행복하고 행복해야 한다.

희망을 꿈꾸며 나아가거라.
네가 세상의 빛이 되고
세상을 밝힐 등불이 되어야 한다.

날아라 나의 꿈

이것도 저것도 하고 싶은데 어쩌지?
하루 밤 이틀 밤….

꿈이 사라지지를 않아 어쩌지?
사람들 마음을 위로하는 상담사가 되고 싶어.

상담사는 말이야 마음에 상처를 보듬고,
눈물 대신 웃음을 선물해 주지.

마치 팅커벨과
피터팬처럼.

행복과 웃음을 주는
상담사가 되고 싶어.

물론 작가 일도 하면서 말이야.
근데 꿈을 이루기엔 세상이 너무 차가워 어쩌지?

나의 꿈이

꿈속에서라도 반짝반짝 빛났으면 좋겠어.

날아라 나의 꿈.

날아라 최유진!

글과 별과의 여행

글이 슬며시 인사해.
"안녕, 나와 함께 여행을 해 보지 않을래?"

그 순간 별이 살짝꿍
마음에 놀러와 하는 얘기다.

"우리 셋이 여행을 떠나자."
"우리가 상상할 수 있는 곳으로 떠나자."

그곳은 말이야,
상상했던 모든 게 글이 되는 곳이란다.

"자, 떠나자."
망설임을 고이 접어 날려버려라.
밝은 달이 우리 길을 비춰 줄 거야.

쉼 없이 이어지는
꿈의 얘기.

출발점에서부터 글이
함께해줘서,

시 한 편이 됐네.

지평선까지를 향해

지평선을 향해 걸었다.
시간을 넘고 넘어 안온함에 몸을 맡긴 채
무의식으로 흘러갔지.

상념의 그 안쪽 숨은 평온함의 약속을 좇아
수없이 묻고 답하는 이가 있다.
기약 없는 걸음 속에 정답이 있냐고 묻는 이도 있다.

기약 없는 걸음을 재촉하지 말라고
행복이 아니라고 말하는 이도 있다.
그 속에서 행복을 향해 외치며
앞으로 나아가라는 이도 있다.

모나고 어둠만 있는 곳.
암흑만이 계속된다 해도
결의를 다지며 나아간다.

암흑 속을 걷는 이가 찾아 헤매는 것은
넓고 푸른 대지
그 너머 지평선을 보기 위해서다.

자유와 노래 희망을 그린다.
가슴 속에
맑은, 새 하늘을 보리라 기대한다.

물음과 물음 사이의 공백을 걸음으로 채우고,
오지 않은 내일에 대한 확신을 채우고,
많은 태양이 떠오를 거라고 마음 다잡으며,

지평선까지!

씨앗에게

어떤 날에 말이야,
씨앗을 심었는데
그게 자라났지.

근데, 잘 자랄 것 같던 씨앗이
툭툭 부러졌네.
얼마나 아팠을까?

내 맘도 찌르르,
내 눈도 파르르 떨렸지.

실패해도 계속 심었지.
내 맘은 계속 찌르르, 파르르.

근데 말이야.
이상해. 뭐가 이상하냐구?
누가 잡고 있는 것처럼 자라는 거야.

약했던 게 강해졌어
울다가 웃는 거야, 이제.

자라나는 씨앗도
행복해서 웃고 있네.

씨앗에게
배워야겠어.

꿈이라는 꽃

피어났습니다.
꿈이라는 꽃이 내 가슴에
아름답고 온유하게 피어났습니다.

꿈은 내가 사는 세상의 빛이며,
사랑과 희망입니다.
꿈이라는 존재는 내게 파수꾼입니다.

꿈이라는 꽃이 있어서
나약하게 흔들리는 나를 지킬 줄도 알게 됐습니다.
내가 용맹한 흑기사가 되었을 때
무얼 하든지 웃어주는
나의 단짝 친구가 돼주는 꽃.

어디에나 찾으면 나타나 나를 감싸주고

때론, 바람처럼 내게 와 줘서 고맙습니다.

내일도 모레도 영원히 나를 안아 줄

꿈이라는 꽃.

희망의 봄

조용한 바람이 불었다.
봄을 싣고 오는 바람이었다.
시린 바람 속에 봄의 따스함이 있었다.

느린 걸음을 떼어, 봄이 오는 자리.
얼어붙은 마음을 내려놓는다.
눈을 감고 온몸으로 봄이 말하는 소리를 듣는다.

그것은 한 번도 듣지 못한,
희망의 소리, 사랑이었다.
봄 안에 숨은 사랑이었다.

사랑을 싣고 온 바람에게,
미소를 띄어본다.
살랑이는 바람에 몸을 맡긴다.

움츠린 몸과 맘을 다독인다.
온전하지 않은 팔로 맘을 안는다.
겨우내 얼었던 마음을 녹인다.

시렸던 마음에 사랑과 따스함을 채운다.
온기로 사랑을 전하고 행복을 말한다.
겨울 끝에서 희망을 찾아 왔다.

꿈꾸는 꽃밭

마을에 덩그러니 놓인 꽃밭 하나.
오랫동안 심지 않아 형태를 잃고,
쓰레기장이 되어 사람들의 불평 거리가 되었지.

"왜 쓰레기를 안 치우지?"
"산처럼 쌓였네!"
"우리 힘 모아서 같이 치우자."

꽃밭은 마을 아저씨의 말에 귀 기울였지.
기대에 부풀어 상상의 나래를 펼쳤지.
깊은 밤, 꽃밭이 꿈을 꾸었어.

땅 전체가 꽃으로 가득 차 있는 꿈.
더 할 수 없이 행복했지.
꽃밭은 잠에서 깨어 사람들이 오기를 기다렸지.

사람들은 들것을 가져와.
영차영차 힘을 합쳐.
쓰레기를 치웠지.
사랑이 피어나는 꽃밭.

이제 넓은 꽃밭이 될 거다.
아름다운 꽃을 가득 피울 거다.

꿈꾸는 꽃밭.

사랑이 피어나는 꽃밭
― 동화시 ―

쓰레기를 치우고 나니,
영차영차 힘 모아서 환해진 꽃밭.
"힘내요. 조금만 더!"
꽃밭은 행복했어.

― 백일홍을 한 고랑 심을 거다.
― 봉선화를 한 고랑 심을 거다.
― 국화를 한 고랑 심을 거다…

꽃밭이 제 모습을 되찾게 되자,
사람들은 지난날의 행동을
떠올리며 반성했어.

사람들은 꽃으로 가득 찰 때까지
꽃밭을 지날 때마다
예쁜 말을 들려주었지.

"꽃들아, 사랑해." 아이가 한 말.
"쑥쑥 자라렴." 마을 아줌마가 한 말.
"뭐가 자라려나?" 마을 아저씨의 호기심.

모두모두 설렘 반 두근 반.
꽃이 피어나길 기다리네.
사랑의 말도 잊지 않았지.

"아차, 꽃밭 이름이 없네!" 마을 아줌마 한 말.
"여러 가지 이름들 중 '사랑이 피어나는 꽃밭'으로 하자!"

사람들은 매일 꽃밭에게 미안한 마음도
사랑하는 마음도 전했지.
그 보답으로 꽃밭은 예쁜 꽃을 피웠지.

사람들은 뛸 듯이 기뻐서 한목소리로 외쳤지.
"꽃들아, 사랑해, 고마워!"

꽃들은 빙그레 웃으며 작게 속삭였지.
"고마워요. 사랑해요. 이게 다
여러분들 덕분이에요."

씨앗의 성장 일기
- 동화시 -

땅이 주는 사랑으로 자라났다.
씨앗은 혼자 자라지 않는다.
바람과 햇살 비의 도움으로 자라난다.

땅은 씨앗의 전용 보육원.
씨앗은 땅 엄마의 도움으로
깊은 데서 들키지 않고 싹을 틔우는 법을 배운다.

바람 엄마의 도움으로 땀을 식히고,
햇살 엄마의 도움으로 비타민을 먹고,
비 엄마의 도움으로 물을 먹는다.

싹이 움트기 시작했네!
넌 이제 씨앗이 아니야.
씨앗보다 더 큰 새싹이야.

새싹 어린이는 각별한 주의가 필요해.
새싹에게는 세상이 온통 신기하지.
자칫 잘못하면 다칠 수도 있어.

땅 엄마는 바람 엄마, 햇살 엄마, 비 엄마를 부르며 외쳤지.
새싹은 특별한 관리가 필요해요.
엄마들은 새싹에게 맞는 영양을 골고루 챙겨주길 바라요.

땅 엄마의 간절한 부탁.
엄마들은 바쁘게 움직였지.
엄마들의 정성으로 새싹은 무럭무럭 자라났지.

땅 엄마와 바람 엄마는 새싹을 데리고
강한 바람이 불어도 넘어지지 않는 힘을 키우는 연습을
시켰지.
땅 엄마는 새싹을 꽉 붙잡고 새싹은 온 힘을 다해 버텼지.

처음이라 그런지 생각처럼 잘되지 않았어.
힘들고 지친 새싹은 울음을 참지 못하고 "잉잉잉" 울어 버렸지.
바람 엄마는 새싹에게 장난을 치며 풀 죽은 새싹을 위로했어.

세상 모든 게 힘들지 않고는 이룰 수 없는 법이야.
여기에 있는 모두가 그렇지. 아프지 않고 아름다워질 수 없고,
노력하지 않고서는 원하는 것을 얻을 수 없어.

바람 엄마가 그랬고,
햇살 엄마가 그랬고,
비 엄마가 그랬단다.

바람 엄마가 태어나기 전
햇살 엄마가 태어나기 전
비 엄마가 태어나기 전 모든 만물들이 그랬단다.

새싹은 힘을 내어 매일 매일 연습을 했지.
엄마들이 주는 영양분을 먹고.
엄마들이 들려주는 이야길 가슴에 담고.

멋진 나무가 될 준비를 했지.
멋진 나무가 된 새싹은
어떠한 것에도 흔들리지 않아.

엄마들이 잘 자라준 나무를 보며 말했지.
"엄마들은 나무 너를 만나 기쁘단다.
우리에게 와준 것도, 잘 커준 것도, 너무 고맙다,
사랑해."

지새는 밤

그림자가 길어서 나는 눈을 감아야 하지만 그럴 수 없다.
시시때때로 몰려드는 고통과의 싸움.
승자는 이미 깃발을 들고 환하게 웃지만 승리의 전투는
지금부터.

몸을 부딪쳐 맞서지만,
강자는 약자에게 기회를 주지 않는다.
맘속에서 울리는 간절한 기도.

깊게 내려앉은 믿음만이 승자의 깃발을 들게 한다.
온 몸 전체가 땀범벅이 되도록 칼을 휘두르고 나면
새날이 펼쳐진다. 이 게임의 승자는 누구인가?

신인가, 사람인 나인가?
그 답은 신만이 아는 일.
자연에 발을 들이고 사는 나는 알지 못하는 일.

승리의 깃발을 드는 것은

강자가 아닌 약자인 내가

오늘의 나를 이겨 환희를 외치는 승리를 이뤘다.

친구와 친구들

병원에 놓인 침대 위가 세상의 전부이고 친구입니다.
이곳에 있는 의사님들이 내 친구입니다.
병원 모두가 내게 병원을 가르쳐주는 친구였습니다.

아주 가끔 아주 조금 슬퍼질 때면.
몸을 맡겨도 묵묵히 말을 않던 침대가 싫어집니다.
세상 전부였던 내 친구 침대가 싫어집니다.

아주 가끔 내 몸에 꽂히는 주사바늘도,
내 다리를 잡아주는 기구들도,
모두 모두 싫어집니다.

나는 포기했는데,
내 친구는 포기를 모릅니다.
친구에게 미안합니다.

이젠 세상에 나와
학교에 있는 친구와
친구를 합니다.

학교의 친구에게도
난 미안합니다.
장애인 내 동작이 서툴기만 해서이지요.

그래도 친구하고 싶습니다.
내 인생이 되고 세상이 되는 친구를,
옆에 두고 사랑하고 싶습니다.

제3부
세상은 모두가 희망

안녕 별!

별아, 오늘도
내 마음에 똑똑 노크해주네.

난 눈물 똑똑 흘리느라
안녕 별
너를 봐도,
널 안을 수가 없는데.

그래도 고마워,
하늘에서 반짝여줘서.

안녕 별아,
내일 또 와.

꿈에서 만나,
꿈에서 얘기해.
안녕 별
안녕!

나는 요술쟁이

시인 나는 작은 거인.
슬픔에 맞서는 작은 거인.

시인 나는 작은 요정.
사람의 행복을 날라다주는 작은 요정.
세상은 넓고 크지만,

내 세상은 그리 크지 않아도 돼.

시인, 나는 요술쟁이거든
행복을 남에게 주기도 하고
슬픔에 맞서기도 하는
용맹무쌍한 요술쟁이야,
나는 장애인이면서.

요술쟁이는 지치지 않아.
요술쟁이는 모두를 행복하게 해.
우리 같이
요술쟁이가 돼볼래?

세상은 말이야

춥기도 하고 외롭기도 해.
세상은 말이야
좁다란 길이기도 해.
슬프기도 하지.

"아파도 참고 해냈구나. 기특해."
"슬픔을 행복으로 바꿔 나가는 너 좋아."
"세상의 희망이 되려고 노력하는 너 좋아."
세상이 나에게 하는 칭찬들.

수많은 세상의 공격에도
할 수 있다고 외치는 나를 좋아한대.

네가 할 수 있잖아?
세상은 아무리 해도 안 바뀔 것 같지?
아니야. 세상은 바뀌고 있어.

세상은 따뜻해지고 있어.
너희 모두 포기 말고 나아가렴.

세상은 말이야.
춥기도 하고 외롭기도 해.

한 가지 분명한 건
세상은 말이야.
노력하면 이루어지게 되는 것.

손을 뻗어 본다

신께 기도했다.
언제까지 이 고통에서 머물러야
꽃을 피우느냐고.

손을 뻗어
하늘을 만지려 했다.
내 마음의 소망을 하늘로 보냈다.

아픔만이라도 사라지게 해 달라고,
눈에 눈물을 머금고,
목이 쉬도록 날이 새도록 신께 기도했다.

아무리 해도 안 되는 것들 틈에서,
살아나는 연습을 하고 살아갈 방법을 찾는다.
답답한 삶의 봄날을 기대하며.

기쁨으로 나아간다.
어둠 속에서 길을 찾고 빛을 발견하며,
행복을 향해 나아간다.

손을 뻗어본다.

수고했어

수고했어 지나간 날도
다가오는 내일도.

꽃길이라 여겼는데
신이 준 선물이라 여기고 달려갔는데
흐르는 건 눈물 뿐이었네.

나중에야 은혜가 눈물 되어 흐르는 걸
당연함을 잊었다가 알았네.

고통도 외로움도 그리움도
은혜라 소명이라 여기면
이겨내고 살아나는 것처럼

천사가 잠시 곁을 떠났을 때도
기다릴 줄 아는 것처럼

그러니까, 우리 서로 위로하자.
수고했어. 지나간 날에도 다가올 내일에도.

세상은 모두가 희망

세상 모든 게 희망이야.
힘이 들고
슬플 때도 있지만,

내가 가진 장애가
슬픔이 아닌
행복이 되고 웃음이 될 수 있게 하고 싶어.

모두와 희망을 말하며 살고 싶어.
가끔은 내 모습이 싫고
답답할 때도 있지만.

웃음으로 이기고
긍정으로 이기며
모두와 더불어 살고 싶어.
〈2023《솟대평론》상반기호에〉

삶을 살아내는 일

삶을 살아내는 일만큼 대단한 것도 없지.
땀으로 일궈낸 성과는 모두의 희망.
또 다른 미래를 바라보는 열쇠가 되지.
우리 모두는 미래이자 자산.

인생을 배우며 길을 가는 우리.
슬픔이 없을 순 없어도 미소를 잃지는 말아야지.

삶이라는 게임에서 지지 말고,
어려움을 피하지도 마.
우리 모두 소중한 존재야.

다정한 연필

"마음이 속상할 때
나를 쓰면 되잖아."
연필이 말했어.

무슨 일 있었니?
너의 하루를 내게 말해줘.

어이쿠! 놀림을 받았구나.
괜찮아, 괜찮아.
어떤 상황이었든 다 괜찮아.

슬플 때 기쁠 때
행복할 때 언제나 날 찾아와줄래?
내가 너의 모든 감정을 대신해 줄게.
괜찮다, 괜찮아.

우리 내일 또 만나!
재밌는 얘기도 하자.

마음이 쿵 하고.
찌르르 찌르르, 아픈 얘기도 하자.

다 들어줄게.
너만의 연필이 되어줄게.

우리만의 얘기 아무도 모르게
시작해 보자.

학교 길

걸어갈까?
뛰어갈까?

팔분음표로
룰루랄라
노래 부르며 가자.

친구와 손잡고 학교 가는 길.
도란도란 얘기하며 가는 길.

이야, 신난다!
친구와 보는 하늘 아름답다!

신나는 발걸음
이야, 저기 학교가 보이네!

학교 공부 마치고
친구와 손잡고 집에 가는 길.
도란도란 얘기하며 가는 길.

내일은 무슨 얘기할까?
생각하며 친구와
집으로 돌아가는 길.

노을진 하늘 보며
안녕, 하는 길.
해님도 친구도 모두
안녕, 하는 길.

우리는 지구 지킴이, 미니 특공대
- 동화시 -

세상을 다 끌어안을 수 있다.
하늘의 구름, 땅에 자라나는 모든 생명,
가슴으로 하는 사랑도.

지구의 가운데가 가슴, 가슴 위쪽이 머리.
사람처럼 사랑도 하고 이별도 하는 지구.
계절이 변하는 이유가 그거다.

시도 때도 없이 흐르는 물을 지구는 다 품지.
세상은 지구 안에 모든 걸 다 품지.
세상은 지구의 엄마. 지구는 자라나는 생명의 엄마.

세상은 지구를 지키고, 지구는 우리를 지키지.
지구는 모를 거야,
우리의 지구 사랑이 얼마나 큰지?

조용히 베푼 우리의 사랑과 노력이
지구와 세상을 살리고 있지.
우리는 지구를 살리는 미니 특공대야!
지구가 사랑으로 우릴 품어주는만큼.

가슴과 생각 속에 지구를 품자.
이젠 우리 차례야.
지구의 아들, 딸들이
엄마를 아빠를 지키는 거야.

쓰지 않는 물건은 나눔으로 더 행복하게 하고,
쓰지 않는 전기는 쉬게 해주고
음식은 먹을 만큼만 덜어서 맛나게 다 먹고 나면.

지구 엄마, 지구 아빠도
세상 엄마 세상 아빠도 하하호호 웃는 거야.
우리도 행복해서 하하호호.

모두가 행복한 세상
모두가 행복한 지구를 만드는 거야.
지구와 세상이 우리 몰래 웃음 짓게 만드는 거야.

우리는 지구 지킴이, 미니특공대!
지구야 세상아. 우리 지켜줘서 고마워!
이제 우리가 지켜줄게.

따스운 언어를

모나고 뾰족한 언어에는
빛이 들지도 희망이 생겨나지도 않는다.
마음을 찌르는 가시가 있을 뿐.

시간이 지나고 계절이 변해도
모나고 뾰족했던 언어는 사라지지 않고
마음에 남아 지워지지 않는 흉물.

포근하게 감싸주는 따스함이 있어야
빛이 들지 않던 자리에 온기가 돈다.
행복한 언어로 해서 새살이 돋는다.

잘 보듬고 돌보면 되는 언어.
상처 나지 않게
좋은 언어를.

특권이야

장애 너 때문에 혼자 일어날 수도 없고,
화장실 가는 것도 꿈속에서 이뤄야 하지만
생각해 보면 이룬 것도 많아.

많은 사람들과 함께 더불어 가는 일.
누구나 원하는 일이지만
나만이 누리는 특권이야.

아무 이유 없이 사랑받는 일
아무나 하는 일 아니지.
내 특권이야.

장애 너 때문에 속상하고
아픈 날이 많지만
너도 내 특권이야.

노력하게 해주고

희망을 주는

넌 내 특권이야.

꿈의 의미

앞만 보며 달려가기 보다는
산등성이 위, 꽃의 흩날림을 보며 미소 짓기를.

걸어갈 많은 시간보다.
걸어온 길을 돌아보고,
받은 사랑과 응원을 기억하며,
마음의 위로를 얻길.

흘린 눈물이 결코 헛되지 않음을
마음 깊이 새기며,
걸어 온 길을 따라 앞을 향해 가길,

한 철의 풍랑이 찾아와도 웃을 수 있음은.
저기 저 높은 곳에 새겨둔.
「꿈」이라는 이름 때문이니.

흔들릴 때에라도
넘어질 때에라도 괜찮으니,
이 길의 옳은 의미를 생각해보길.

잠시 쉬어감은 있어도
포기란 이름만은 쓰지 않기.

희생의 뽕나무

새봄에 참새 입 닮은 햇 봉잎 입맛 돋우고

늦봄에 가지마다 까만 오돌개
입술을 물들이며 달콤한데

누에벌레 아침저녁 먹기에 바쁘다.

가을 들어 누에고치 주렁주렁 ...
거두어 살짝 삶아

주섬주섬 고치실 잡아 물레질 들어가면
고운 명주실 감긴다.

실타래 모아 베짜기 시작이다.
며칠 밤새워 바디집이 딸깍이면 비단이 물결친다.

곱게 물들여 황·청의 벼슬 옷 지어지면
당상관 행차시다.

번데기는 어디 갔나?
밥반찬 술안주 제격이다.

늦가을 뽕나무 가지 거두어
구진한 날 장떡 구워
시원한 막걸리 한잔이 약술이다.

차디찬 겨울입시 뽕 뿌리가 좋다는 말에
뿌리 캐어 신병에 보신하니

새순부터 뿌리까지 모두 희생의 뽕나무.

바다로 가자

파도가 너울지는 곳으로 떠나고 싶어라.
안개가 자옥한 일상을 벗어나,
평온함이 깃든 곳으로 나아가고 싶어라.

새로운 그곳에서 새 희망을 말하고
내일을 꿈꾸고 싶어라.
안개가 자옥한 삶에서 파동이 일어나니,
앞으로 나아가고 싶어라.

너울지는 파도 앞에 나의 삶을 견주어 보고
깨지고 흩어지는 조각들을 이어서
행복을 만들고 싶어라.

바다로 가자!

제4부
기다릴게 예쁜 친구

아이 좋아

친구랑 있으니 아이 좋아.
친구 장난에 웃을 수 있어 아이 좋아.

혼자 할 수 있는 게 늘어나서 아이 좋아.
나를 칭찬할 수 있어서 아이 좋아.
"친구야 고마워." 그 말 할 수 있어서 아이 좋아.

아이 좋아.
친구 좋아 아이 좋아.
내가 좋아 아이 좋아.

아이 행복해.
친구 행복해.
나 행복해.

아이 좋아 아이 행복해.
우리 모두 아이 좋아 아이 행복해.

기다릴게 예쁜 친구

예쁘게 어여쁘게
기다릴게.

인내하고, 인내하며
기다릴게.

언제까지, 언제까지나
기다릴게.

한 자리, 한 자리에서
기다릴게.

보는 자리는
바뀔지 모르지만,

마음의 자리는
바뀜이 없어.

그런 사람을

기회를 잡는 그런 사람.
열정의 열정을 바라는 그런 사람.
멈춤이 답이 아님을 아는, 그런 사람.

새로운 도전에 앞서는 그런 사람.
그런 사람이 내 사랑이었으면 좋겠네.
나의 전부를 가져서라도 도전을 멈추지 않았으면,
나를 필요로 하고 함께 성공을 이뤄나가는 그런 사람.

그런 사람이 내 사랑이었으면 좋겠네.
어둠이 가득한 인생을 그대로 두지 않고,
희망으로 바꾸는 사람이
내 사랑이었으면 좋겠네.

향기로 와서

향기로 와서 당신이 말해주었으면 좋겠습니다.
잘했고, 잘하고 있고, 잘할 것이라고,
위로를 전해주면 좋겠습니다.

어떤 어려움이 찾아와도 그건 지나가는 바람이라고,
눈물은 잠깐이라고 내게 속삭여 주면 좋겠습니다.
향기로 사랑을 전해주었으면 좋겠습니다.

나는 당신에게 감사와 사랑을 바람에 실어 보내고 싶습니다.
내가 꽃이 될 수 있었음은 당신 때문이라 말하고 싶습니다.
당신이 전해준 사랑을 향기로 바꾸어 전하겠다고 약속하겠습니다.

더 빛나는 세상을 만들겠노라 약속하겠습니다.
기쁨보다는 슬픔이 많은 세상에 행복을 전하겠습니다.
당신은 향기로, 피는 꽃으로 와서 행복을 전해주었으면 좋겠습니다.

일찍 그럴걸 그랬지

일찍 엄마가 되어
사랑을 할 걸 그랬지.
넓은 가슴으로 안을 걸.

모진 세월들을 돌아볼 걸.
사랑으로 품어줄 걸 그랬지.

좀 더 오래 마주할 걸.
얼굴에 핀 웃음 오래 가슴 깊이 담아 둘 걸.
손 한번 잡고 사랑의 말을 할 걸 그랬지.

가슴속에 묻어두고 말하지 못한
진심을 말했으면 좋겠네.
"사랑한다. 내 딸, 사랑합니다. 어머니." 하고,

사랑의 말을 읊조리며 아이가 엄마 얼굴 바라보네.
내 아이의 엄마가 되어 엄마의 여생을 느껴볼 걸 그랬지.
그러지 못함이 못내 아쉬워 눈물 흘리네.

이제 와서 엄마를 보니,
굽은 등에 나를 업고 굽은 길을 홀로 가게 해서 미안,
당신의 굽어진 등이 미안,
당신의 노력으로 내가 있음을 이제 알아 미안합니다.

내가 사랑을 주어도 부족한 당신.
내게 사랑을 받아도 부족한 당신이, 그래도
내 작은 사랑에 미소 짓네.

별 중에서 하나인

그대는
저 별 중에 하나인가요?
십자가 앞에 잠들었나요?

무수히 빛나는 별빛 밤이
찾아오면,
그대도 빛나네요.
순수하게 맑게 빛나주네요.
꾸밈없이 빛나주네요.

불이 꺼졌다 해도 빛나주네요.
이곳에서 보여준 열정을
그곳에서도 보여주네요.

여기서는 그대가 꺼진 등불이지만,
그대의 열정과 노력은 아직 남아 있어요.

빛나줘요, 그대로 영원히
하늘이란 세상에서.

저 많은 별 중의
하나인 그대.

그 사람이

어떻게요. 그 사람
내 맘에서 떠나질 않아요.

이제 옆에 없는데
그가 사는 어느 곳이든 날 불러줘요.

어떡하죠, 가슴이 너무 메여
너무 괴로워요.

그가, 그가 너무 그리운데
나 어쩌죠?

내가 사랑하던 사람이었고,
언제든 돌아보면 있는 듯한 분.

그런 사람이었는데
이젠 볼 수가 없네요.

밤, 별이 뜨면 별을 보고
그 사람을 추측할 수밖에.

그는 나를 지켜준
나의 슈퍼맨.

이제 슈퍼맨이라 불러요.
그는 19년 동안 나를 지켜준

그의 이름 슈퍼맨
어디 가서 찾을까요?

진짜 그리움

여름 하늘에
있겠다.

여름 어딘가
있겠다.

모습이 익숙한
그 사람 있겠다.

이 여름 5년쯤 지나고 나면,
이 해 한 50년쯤 지나고 나면,

우리를 가로막았던
경계는 풀릴 테니.

그때야 내 생각이 너에게 닿을 테니까.
그때야 그곳에 갈 테니까.

우리 진짜 집에.
우리 살던 집에.

진짜 닿을 수 있을 테니까.
진짜 볼 수 있을 테니까.

작가 수업

너무 행복해서 또 묻고 또 물어도,
그냥 행복해.

행복해서 속으로만 춤추고
속으로만 죄송하고 감사해요.

나를 믿어주는 가족들이 있음에 살고 싶어지는 날.
쓰고 싶고, 또 읽고 싶은 날, 배우고 싶은 날.
어떤 것을 배울까 두근두근 가슴 뛰는 날.

나는야 세상에서 제일 멋진 작가다!
나는야 이야기 부자 작가다!

슬럼프를 막아줄래? 사탄을 막아줄래?
마귀야 떠나가 줄래?

이야기 주머니가 더러워지지 않도록 떠나가줄래?

터널을 지나며

끝이 보이지 않는 어둠을 지날 때 생각했네.
슬픔의 웅덩이가 너를 데려갔을까?
궁금해졌지. 너를 생각하는 슬픔.

긴 시간을 건너면 우리 만나 웃을까?
기약 없는 약속처럼 끝나버린 바람이 슬퍼.
어둠이 짙은 이곳엔 우리의 슬픔만이 가득하다.

슬픔을 지나 행복으로 가는 건
어려운 일일까?

넌 행복에 닿을까?
하늘 보며 널 기억할게
그곳에서 날 기억해줘.

누가?

누가 나를 위해 시를 써주려나.
화낸다고 불편한 맘 편해질 것 같지 않으니.

오늘은 누가 꾀꼬리 같은 목소리로 노랠 불러 주려나?
오늘은 누가 외롭고 힘든 내 맘 알아주려나?

내가 나에게 선물해 주는 시 말고.
내가 날 헤아려 주는 그런 노래 말고.

친구가 들려주는 노래.
친구가 써주는 글.

받아보고 싶은 날.
외로이 혼자 말고.
정답게 같이, 같이 있고 싶은 날.

내 마음 알아주었으면 하는 그런 날.

모두가 바라는 세상

차가운 바람이 불어도.
두 손 가득 온기를 전하는 세상을
우리 모두가 바라는 세상.

밝은 아침보다.
어둠이 많은 이곳에서.
밝은 세상을 꿈꾼다.

발길이 닿는 곳마다
안개가 서리지 않은 곳 없지만.
작은 희망을 꿈꾸고 사랑을 꿈꾼다.

눈가에 맺힌 눈물을 닦아줄 수 있는 세상.
사랑을 속삭이고 온기를 전하는 세상이
우리 모두 바라는 세상이다.

친구 너를 기억해

내가 힘이 들 때 찾아오더라,
아쉬울 때.

생각나게 하더라,
아직도 너의 뒷모습을 보면 그리움이야.

오늘은 너의 웃음이 들리더라,
행복했던 어느 때처럼.

난 아직 어린앤가봐.
너를 생각하는 일 없인 잠들 수가 없어.

내가 어른이 되고,
엄마가 되고,
세상 모두를 이겨낼 힘이 있을 때도.

널 그릴까?
너 땜에 마음 아파할까?

그때까지도 난
어린애일까?

사랑하는 내 친구

그 친구를 만나면
두 팔에 힘이 다할 때까지
안아 줄 거야.

그리운 얼굴을 마음에 담고
두 눈으로 찍어서.
추억으로 남겨야지.

친구와 손잡고
거릴 걸어봐야지.
거리에 핀 예쁜 꽃들을
친구와 사진에 담아야지.

누가 더 예쁜가.
견주어보자며.
하하 호호, 웃어야지.

웃다 보면
힘을 내어, 살다 보면
소원을 이룰 날이 올 테니까.

긍정으로 살아가야지.
소원을 바라보면서.

타이핑, 너를

아파도 떠날 수 없다.
넌 내 친구니까.

아파도 피할 수 없다.
넌 내 행복이니까.

내가 너를 놓을 수 없는 이유를 말해줄게.
넌 내 모든 날의 이유야.
넌 내 모든 날의 기쁨이야.

널 만지면 부드러워.
널 만지면 행복해져.

피아노 치듯,
미끄러지듯,

건반 위를
키보드 위를 달리지.

신나게 춤추며
보이지 않는 곳에서도,

불빛이 꺼진 곳에서도,
환호와 박수가 멈춘 곳에서도,

난 널 포기 못해.
아파 쓰러져도.

제5부
들꽃처럼

아기 때의 하늘

내가 아주 아기였을 때
바라본 하늘은
오늘 바라본 하늘처럼 매우 평화로웠지.

부드럽게 불던 바람,
고요하게 나를 감싸던 평화로운 낮 시간이,
평안한 행복이었지.

아기였고,
아픔을 몰랐던 날의
행복.

들꽃처럼

이름 없이 피어난 꽃도,
그렇게 자라서 핀 꽃도,
모두 모두 쓸모가 있다.

난 아니야 난 틀렸어 하는 사람도,
세상 곳곳에 싹을 틔우고.
태어났어도 알아주지 않던 사람도,

들꽃을 보며 살아가길.
들꽃도 살아 숨 쉬잖아?
들꽃도 혼자 살아가잖아?

혼자 우두커니
있잖아?
변함없이 한자리에서
피고 지는 거야.

그러다 자기 계절에

다시 피어

우리에게 전해주지,

행복의 기운을.

우리도 그럴 수 있어.

너도 그럴 수 있고.

우린 어쩜 작은 들꽃인 걸.

아무도 알아주지 않는 작은 들꽃인 걸.

각자의 자리에서 빛나자.

그러다 보면 크진 않아도

그 빛이 크게 비쳐져

언젠간 알려지게 될 걸.

내가 오늘에야 알아본 들꽃처럼.

둥근 세상

둥글게 앉아본다.
두 팔 벌려 서로 안아본다.
서로가 서로에게
힘이 되어 다독이고,
온기를 전한다.

모습이 달라도 괜찮다.
서로를 위해주고,
품어주는 마음만 있으면 괜찮다.

둥근 세상이라 괜찮다.
모습이 달라도 온기로
서로의 마음 전 할 수 있으니.

파랑새의 소원

파랑새가 행복을 찾으러
여행을 떠났다.

구름 위에 행복이 있을까?
하늘 저 너머에 있을까?
요리조리 이쪽저쪽.

행복을 향해
힘찬 날갯짓.

슬픔 속에 있는
사람들의 간절한
외침이 들렸다.

행복하게 해주세요.
슬프지 않게 해주세요.
고통이 물러가게 해주세요.

사람들의
간절한 소원이
파랑새의 소원.

파랑새는
하늘 위에서
행복을 노래하고 있다.

슬픔이 변하여
노래가 되고
행복이 되기를.

파랑새는
슬프지만 행복한
웃음을 짓고서
노래한다.

"고통은 그만!"

"슬픔, 그만!"

"행복 시작!"

외치고 있다.

민들레의 여행
- 동화시 -

땅에 민들레 씨앗이 심어졌어.
땅은 부탁을 했지.
"자라거라, 자라거라, 눈 감지 말아라."

씨앗은 땅의 부탁을 들었지.
땅의 간절한 부탁대로
씨앗은 민들레가 되었어.

민들레는 작아서
자세히 보지 않으면
보이지 않았지.

아이들이 지나다가 밟고
산책하던 강아지가 밟고
험난한 세상이 아닐 수 없었지.

민들레는 매일 밤 생각했어.
'아무도 여기 있는 날 알지 못해.
떠나고 싶어.'

민들레의 푸념에
땅은 가만히 귀 기울였지.
유난히 깊은 밤이었어.

민들레의 간절한 소원을 하늘이 들은 걸까?
민들레씨는 바람에 몸을 싣고 하늘을 자유로이 날아
드넓은 초원에 뿌릴 내렸어.

민들레의 절반은 처음 태어났던 자리에 머물렀어.
"신기해. 민들레씨가 저렇게 하늘을 날 수 있다니."
기뻐하는 민들레를 보며 땅이 말했어.

좌절하기엔 세상이 아름다운 곳이고
포기하기엔 세상이 넓어.
함부로 네 전부를 포기하지 마.

민들레, 너는 작지만 강하고 아름다워.
민들레, 너는 세상의 희망이야.
민들레, 너는 작은 행복이야.

이유 하나 때문에

나를 품고,
생각 많은 밤을
보내며,
눈물 흘렸습니다.

사랑 하라는 때도
그렇게만, 그렇게만
지냈습니다.

사랑에 장애 되는
이유 하나 때문에,

신은
그게 전부가 아니라고.
다시 돌아볼 기회를 주시며,
나의 웃음을 가면이 아닌,
진짜 웃음으로 만들어주셨습니다.

진짜 사랑은,
내가 사랑할 때 빛을 발하고,
웃음 지을 때 참 사랑을 느끼며,
사랑의 주인공이 너일 때 만들어지고
품는 마음도 생기는 것이라 했습니다.

양 파

썰어주세요, 송송송.
볶아주세요, 지글지글.

맛있게 요리되면
영양도 만점이래요.

다시, 다시 해볼까요?
썰어주세요, 송송송.
볶아주세요, 지글지글.

양파가 웃어요.
양파가 신나요.

우리 몸을 지켜주는
병장이 되어서 좋대요.

양파를 냠냠냠.
양파를 냠냠냠.

먹어주면,
행복해한대요.

우리 몰래.
아주 살짝.

미소 짓는
양파래요.

양파의 여행

양파가 여행을 떠났대.
세상에 맛있는 재료로 쓰이고 싶어서.

양파는 커다란 강을 건너
또 물을 만나고,

무지개를 타고
여행을 했대.

양파는 걷고 걸어서,
이번엔 커다란 무지개 타고,

하늘을 날아 날아
프라이팬에 들어가 몸을 녹이니,

맛있는 음식이 되어서
양파는 사랑을 받았대.

사람들은 그 음식을 먹고
행복해졌대.

나의 특별한 다리

내 다리는 지치지도 않아.
내가 가고픈 곳 어디든 데려가주는
만능 다리지.

이건 나만이 가지고 있는
특별한 다리지.
다리의 이름은 전동휠체어.

내겐 길쭉한 예쁜 다리보다
원처럼 웃기게 생긴 다리가
쓸모 있지.

세상 구경을 앉아서
할 수 있으니.
이보다 특별한 건 없어.

잠시 멈춰 서서
주위를 둘러보면 꽃도 보이고,

나무도 보이지.

참 좋다.
바람 냄새, 풀 냄새
꽃 향기도.

멀리 볼 수 없는 게 아쉽지만
두 눈 동그랗게 뜨면 돼.
그것도 안 되면 사진을 찍을까?
망원경이 나으려나?

내게 세상 구경은
수수께끼 풀이야.
궁금한 게 너무 많거든.

다 보고, 다 듣고
세계 제일 가는
이야기꾼이 될 거야.

행복한
세상을 만들 거야.

장애 강아지

나는 장애 강아지
넓은 들판에 엄마랑 달리고 싶어
집을 잃은 나를, 다리를 저는 나를 구해준
새로운 엄마 고마워.
"멍 멍 멍!"

내가 주지 못하는 걸 주는 엄마를
눈동자에 오래 담아두고 간직할 거다.
"다리가 이상하다. 불쌍하다."
새엄마의 걱정.

걱정하는 엄마를 사랑할 거다.
시간 시간마다 사랑할 거다.
꼬리를 흔들고 붙어 다닐 거다.

나는 이 세계를 통틀어
제일 행복한 강아지.
엄마는 세계 최고 멋진 강아지 엄마.

우리가 펼치는 가장 멋진 행복이
나라면 좋겠어.
엄마도 그랬으면 좋겠지?
"멍 멍 멍!"

내가 볼 수 없는 걸 보고,
엄마가 듣지 못하는 소릴 듣지.
아름다운 조화를 이룬 것.

기다리고 기다릴게.
어둠도 기다림도 무섭지 않아.
날 사랑해 주는 엄마가 있어서
"멍 멍 멍!"

왼손아 부탁해

오늘도 나는 왼손에게 부탁을 한다.
왼손으로 하는 퍼즐이
느리고 더디지만 부탁을 한다.

퍼즐 맞추기를 부탁한다.
몸의 엄마인 내가 응원을 한다.
아직 경험이 부족한 왼손에게.

"넌 할 수 있어. 최고야." 하고 응원을 한다.
 떨어뜨리는 횟수가 잦아서 엄마께 죄송했지만,
"계속하라고. 괜찮다, 하시는 엄마 감사합니다."

느린 걸음마 연습을 함께 해주는 엄마가 있어 행복하다.

"왼손 넌 참, 멋져. 노력해줘서 정말 고마워 사랑해."
내가 박수를 보낸다.

삶이라는 여행

무슨 일이 일어날까?
궁금해, 궁금해.
조금은 무섭기도 해. 그러나

다가올 일을 두근거리는 마음으로
기다리는 일은 재밌지.
"룰루랄라, 호이호이 얍!"

신기한 노래와 주문을 외며 길을 걸어.
신나는 주문 안에 들어 있는 작은 희망을 보며,
내일의 작은 기대와 축복을 위해,
눈물 어린 기도를 한다.

"아픔을 그 새장 속에서 꺼내주세요."
"그만, 악몽에서 헤어나게 해 주세요."
"희망을 꿈꾸며 잠들게 해주세요."

삶이란 여행에서 힘이 드는 건
사람들의 수근거림 때문 아니야.
내 몸에 있는 아픔 때문이지.

가끔, 아주 가끔 궁금해지면
밤이면 찾아오는 별들을 언제나 찾지.

아픔 하나를 있는 그대로 보기까지 오랜 시간이 걸렸는데
또 다른 아픔이라니?
세상의 엄마 지구, 아빠 지구가 보기엔 내가 용감해 보이
나 봐.

나한테 어려운 것만 시키네. 그러나
이겨내야지 뭐.
나는 우주 최고로 강하니까.

이번 거는 너무 어렵고 아프기도 해.
오른팔에 아픔이 착 달라붙어 떨어지지 않거든.
"안녕. 주관 증후군! 근데 너 이름이 어려워. '행복'이 어때?"

아픔보다는 행복을 더 많이 선물해 달라는 뜻이야.
행복을 최고로 많이, 라는 뜻이야.

"호이찌 호이호이 호!
룰루랄라 호이호이 얍!"

삶이라는 여행이 이런 거야.

늘 새롭게 처음처럼

늘 새롭게
늘 반갑게,

늘 설레게
늘 즐겁게,

늘 뜨겁게
늘 멋지게,

늘 새롭게 처음처럼
늘 설레게 처음처럼.

늘 처음인 것처럼,
늘 새로운 것처럼.

다시 시작하겠습니다.
다시 달려보겠습니다.

늘 처음인 것처럼,
늘 새로운 맘으로.

여러분 곁에 있겠습니다.
늘 새롭게 처음처럼 함께.

몸을 바꾸어 우리 곁에

숲과 나무는 의사였다.
맑은 공기와 건강을 책임지는.
우리 모두의 생명으로,
우리 모두의 꿈이 되어주는 숲.

사람들의 손에서 숲은 형태를 바꾸어
건물이 되고 시설이 되어,
우리 곁으로 돌아왔다.

힘이 들 때 기댈 수 있던 나무는
사람들의 창의력을 위해 눈을 감아 준다.
건강을 위해 곁에 있던 숲과 나무는
몸을 바꾸어 우리 곁에 있다.

자연은 누굴 위해 존재하는가?

산 문

하늘나라 아빠께

장애를 가지고 태어난 나는 가족의 사랑을 한 몸에 받으며 자랐다.

그중 제일 나를 사랑했던 이는 아빠였다. 미숙아로 태어나 생사의 갈림길에 놓였던 나는 늘 아빠에게 불안의 대상이 되었다.

하지만 걱정과는 다르게 무럭무럭 자라나는 날 보며 무척 행복해했다.

그러나, 신은 우리 가족에게 행복한 시간을 오래 주지 않았다.

내가 태어난 지 2년이 채 안 됐을 무렵 내가 발육이 느린 줄로만 알았던 아빠는 평생 장애인으로 살아야 한다는 말에 눈앞이 깜깜했다.

"뇌변병 장애입니다."

의사의 말에 엄마는 사색이 되어 쓰러졌고 아빠는 소리 없이 눈물만 흘렸다.

"믿음으로 키우자. 살려고 태어났잖아."

아빠는 내가 장애인이라고 해서 움츠러드는 모습을 보기 싫어했다.

"강하고 담대해져야해."

이 한마디가 중학생이 된 나에게 비수로 다가오니 나는 아빠에게 따지듯 물었다.

"아, 언제까지 써야 작가가 돼! 이만하면 됐지?"

"죽을 때까지"

난 잠시 할 말을 잃었다.

"아 몰라, 몰라 아빠가 해. 나 안 해!"

"작가 된다며 한 입으로 두 말하면 돼?"

항상 아빠의 언변력에 당하는 느낌이었지만 맞는 말씀이니 어쩔 수 없었다.

작가의 길에 항상 버팀목이 되어주고 뭐든 할 수 있다고 응원을 아끼지 않았다. 남들은 세상은 차갑다 말할 때 아직 세상은 따뜻하다고 말해준 분이 아빠였다.

"유진아, 세상은 아직 따뜻해. 걱정 말고 당차게 나가."

지금 생각해 보면 '강하고 담대하게' 라는 말을 하시는 아빠는 가슴이 얼마나 아팠을까? 글을 쓰면서도 가슴이 아프다. 남들은 좀 더 미뤄도 되는 일, 멀리 돌아가도 되는 일을 우리 가족은 항상 먼저 해야 했으니까 말이다.

'아빠 딸 작가 됐어. 이제 행복해 아빠. 미안하고 너무 고마워.'

"아빠, 나중에 만나면 나 꼭 끌어안아 줘."

영원한 나의 친구

'언니 그거 알아? 언닌 영원한 내 친구야.'

 엄마의 모습을 보고 자란 언니는 틈만 나면 나를 돌봐주었다. 내가 아프다는 걸 아는지 언니는 언니의 장난감도 간식도 다 내게 양보해주었다.
 언니가 초등학교 사학년이 되자 비장한 각오를 한 듯한 표정으로 말했다.
 "앞으로 유진이 제가 돌볼게요!"
 이 한 마디가 불러올 수난을 그때의 난 알지 못했다.
 엄마 아빠는 걱정되는 표정으로 언니를 바라보았고 난 천진난만하게 웃었다.
 "할 수 있겠어? 다치면 어떻게…"
 걱정을 하는 엄마를 뒤로하고 아빠는 언니와 나를 번갈아보며 말했다.
 "유진이는 언니 말 잘 듣고 지혜는 동생 울리지 말고."
 아빠의 말은 한 마디로 짧고 굵게 끝났다.
 "잘 부탁해 언니."
 "말이나 잘 들어."

언니의 말에 우리 가족 얼굴에는 웃음꽃이 피어났다.

"팔 펴"

언니는 나를 돌본 지 단 몇 개월 만에 옷 갈아입히는 것도 선수가 되었다.

그렇게 언니는 나의 혹독한 호랑이 선생님으로 변해갔다.

엄마라면 통했을 응석도 언니 앞에선 수포로 돌아갔다.

"엄마, 언니 무서워."

나름 기대를 하고 말해보았지만,

"너네끼리 해결해. 엄만 모른다."

순간 엄마가 친엄마가 맞나, 하는 의심이 들 정도로 서러웠다.

시간을 지나놓고 보니 엄마를 향한 언니의 따뜻한 배려임을 알 수 있었다.

학창시절을 지나 성인의 눈으로 언니를 바라보다 문득 궁금해지는 것이 있다.

언니의 시선으로 본 나는, 마냥 어린아이인지 아니면 똑같은 성인인지, 묻고 싶다.

성인으로 본다면 언니에게 꼭 해주고 싶은 말이 있다.

나 자체로 믿어달라고 장애인 최유진이 아닌 사회인으로서 바라봐 달라고.

지내오면서 느낀 거지만 요즘 들어 언니의 모습이 눈에 들어올 때가 있다.

외향적인 걸 떠나 언니의 힘듦이 가끔 눈에 밟힐 때가 있다.

장애인으로 동생으로서 해줄 건 별로 없지만

언니가 그래 왔듯 묵묵히 곁을 지키는 사람이 되겠다고,

힘들 땐 언제든 쉬어갈 수 있는 그늘이 되어주겠다고 약속하고 싶다.

"언니! 나랑 친구해줘서 고마워. 사랑해!"

보리수아래 감성 시집 12
최유진 시집

세상은 모두가 희망

시인 최유진

발행일 2024년 1월
펴낸곳 도서출판 도반
펴낸이 김광호
편집 최명숙, 김광호, 이상미
대표전화 031-983-1285
이메일 dobanbooks@naver.com
홈페이지 http://dobanbooks.co.kr
주소 경기도 경기도 김포시 고촌읍 신곡리 1168

*이 책은 저작권법에 의해 보호를 받는 저작물이므로 무단 전재와 무단 복제를 금합니다.

불교와 장애인의 문화예술이 있는
"보리수아래"

보리수아래는 2005년에 청량사 지현스님의 제언으로 결성되어 불교와 문화예술에 관심있는 장애인들의 문화예술 활동을 지원하고 그들이 재능을 발휘할 수 있는 기회를 제공하고 있습니다. 또한 그들의 재능과 능력을 살려 참된 신앙생활과 바른 포교활동을 하고 이 사회의 일원으로 더불어 살아가도록 지원하고 있습니다.

주요 사업은 장애인의 예술창작과 발표 활동, 장애인의 문화예술교육 지원, 장애불자를 위한 포교활동 및 신행생활 지원, 재능을 기반으로 한 출판 지원, 장애인의 사회적 인식 개선 등 다양한 사업을 하고 있습니다.

현재 월 1회 정기 모임을 매월 셋째주 토요일에 갖고 있으며 장애인 문화예술활동과 불교에 관심있는 분이면 누구나 동참하실 수 있습니다.

많은 분들의 관심과 후원이 필요합니다! 정기후원, 일시후원, 물품후원, 재능기부, 자원봉사 등으로 후원하실 수 있습니다.

■ 후원계좌 :

하나은행 163-910009-28505 보리수아래

국민은행 841501-04-027667 보리수아래

국민은행 220602-04-213491 최명숙(보리수아래)

■ 후원문의 :

☎ 02)959-2611

이메일 cmsook1009@naver.com

■ 홈페이지 :

http://cafe.naver.com/borisu0708